signer
avec son bébé

Sophie d'Olce
Illustré par Junko Nakamura

signer avec son bébé

une communication gestuelle bienveillante

FIRST
ÉDITIONS

ISBN : 978-2-412-04498-8
Dépôt légal : avril 2019
Imprimé en France par Normandie Roto Impression s.a.s. (1903346)

Illustrations couverture et intérieur : Junko Nakamura
Photographies : Catherine Delahaye
Création graphique : Sophie Coupard et Claude Gentiletti
Maquette intérieure : Transparence
Correction : Véronique Dussidour

Éditions First, un département d'Edi8
12, avenue d'Italie
75013 Paris France
Tél. : 01 44 16 09 00
Fax : 01 44 16 09 01
Email : firstinfo@efirst.com
Site internet : www.editionsfirst.fr

sommaire

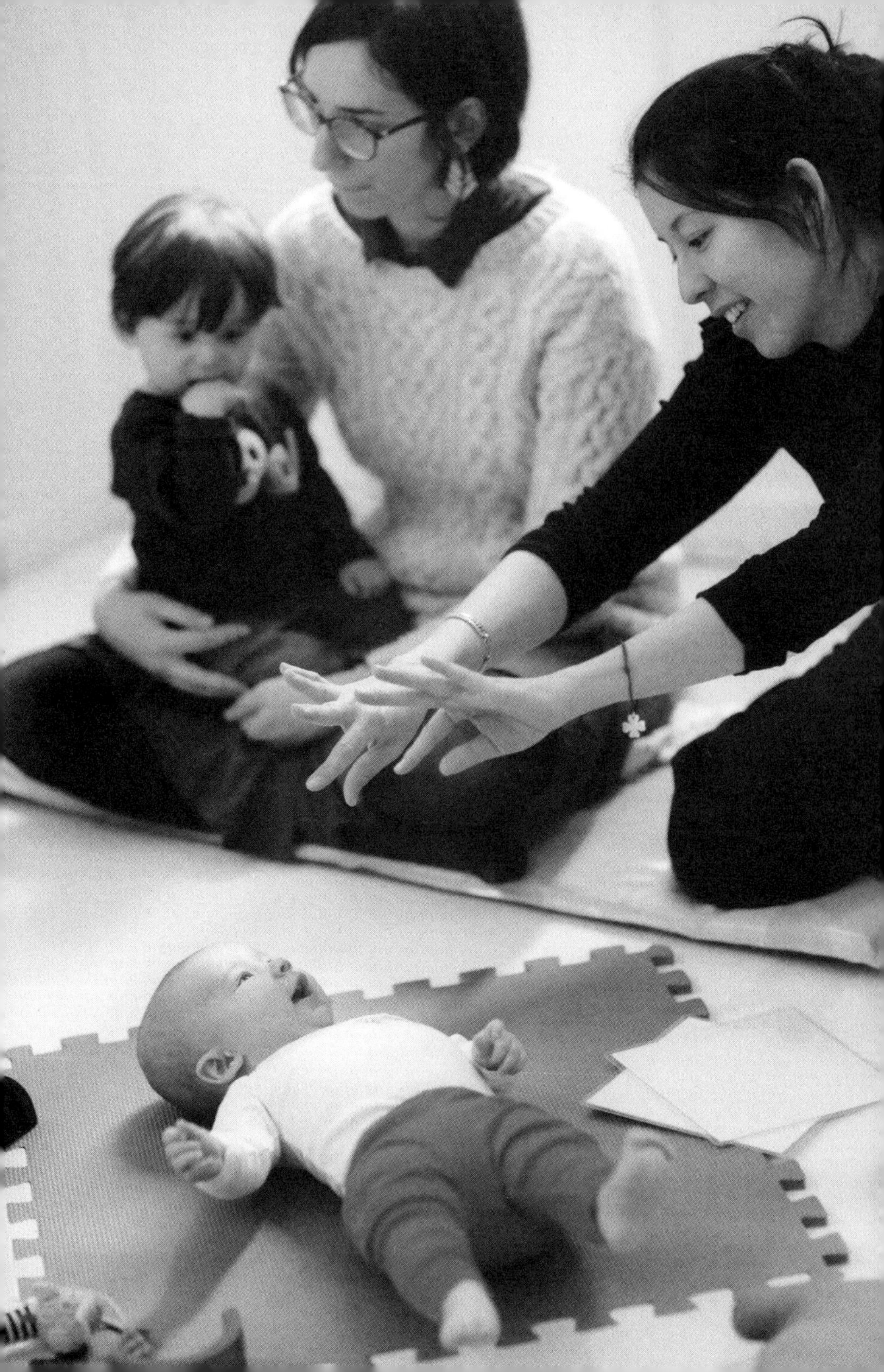

Introduction

Communiquer par signes avec son bébé s'inscrit dans une relation de qualité, douce et bienveillante, et crée une merveilleuse complicité entre parent et enfant. Grâce à de petits signes empruntés à la Langue des signes française, nous enrichissons la gestuelle naturelle des bébés – toujours accompagnée de la parole – pour communiquer, chanter, jouer…

Entrez dans cette aventure joyeuse, épanouissante qui ne manquera pas de vous surprendre !

Les 10 questions les plus fréquentes

1. Ça retarde le langage ?

Non, au contraire ! Puisque nous associons toujours le geste à la parole, l'enfant entendra encore mieux les mots (que nous aurons tendance à mieux détacher, voire à répéter) et il aura tendance à parler plus tôt et à avoir un vrai intérêt et plaisir des mots.

2. Je suis l'unique parent du couple à signer avec mon enfant. Mon·ma partenaire n'est pas convaincu·e. Est-il nécessaire que les deux parents signent ?

Un seul des deux parents peut signer avec son enfant. L'autre parent aura certainement envie de s'y mettre une fois qu'il aura constaté que « ça marche » et que son enfant fait effectivement un geste précis pour s'exprimer.

3. C'est pour les sourds ou les malentendants ?

Non, c'est au contraire un outil destiné aux enfants entendants puisque la parole est toujours associée au signe.

4. Si je signe avec mon bébé et qu'il est gardé par quelqu'un qui ne signe pas, est-ce qu'il va être perdu ?

L'enfant sait parfaitement s'adapter aux différentes personnes et situations. Il trouvera simplement un autre mode de communication avec une personne qui ne signe pas.

5. Mon enfant se fait très bien comprendre ; signer ne lui servira donc à rien ?

Les signes seront un « plus » qui permettront à l'enfant une communication encore plus précise, plus ludique et surtout plus complice.

6. Le parent doit-il apprendre beaucoup de signes ?

Inutile d'avoir une mémoire d'éléphant ! Avec quelques signes de base, surtout au démarrage, cela suffira. Vous augmenterez petit à petit au rythme de votre enfant.

7. Je crains de mal reproduire les signes. Du coup, je préfère ne pas les faire.

Personne ne sera chez vous pour vérifier si vous faites le signe correctement. Et même si vous préférez modifier volontairement un signe qui ne vous « parle » pas, libre à vous ! Par contre, faites toujours le même geste pour que l'enfant ait un repère.

8. Mon enfant prononce déjà quelques mots. Est-ce trop tard pour commencer à signer ?

Il n'est jamais trop tard pour découvrir les signes. Un enfant commençant à parler s'amusera beaucoup avec les comptines gestuelles. Et face à l'imprécision de certains de ses mots, il sera content d'avoir un soutien grâce à un petit signe.

9. J'ai d'autres enfants plus grands. Est-il nécessaire d'apprendre les signes aux aînés ?

Les aînés s'amuseront tout de suite à faire des signes à leur petit·e frère·sœur ; apprenez-leur quelques signes et vous verrez qu'ils seront presque plus assidus que vous pour signer avec le bébé !

10. Je signe avec mon enfant depuis un moment, mais il ne fait toujours pas de signes. Est-ce normal ?

Votre enfant aura d'abord une phase d'observation ; puis avec plus ou moins de temps selon son âge, il s'appropriera le geste, que ce soit par jeu, par mimétisme ou par nécessité. Il fera un 1er petit signe (qui ne sera pas toujours aisé à repérer) et ce sera ensuite l'effet boule de neige : lorsque l'enfant voit qu'il se fait comprendre grâce à un signe, d'autres signes arrivent ensuite très vite !

10 bonnes raisons de signer avec son bébé

1
Tisser un lien privilégié et complice

2
Développer la motricité fine

3
Diminuer les frustrations, pleurs et colères

4
Être présent en donnant du temps et de l'attention

5
Stimuler les apprentissages

6
Échanger avant l'arrivée de la parole

7
Sert de tremplin pour l'acquisition du langage

8
Être dans le jeu

9
Avoir un langage secret

10
Se créer des souvenirs merveilleux !

1

Communiquer grâce aux signes

La Langue des signes à l'origine

Une vraie langue

La Langue des signes est une vraie langue, et non un langage, tout comme l'anglais ou l'italien. Elle possède son propre vocabulaire et sa syntaxe.

C'est la langue utilisée par les sourds pour communiquer.

Elle est visuelle, gestuelle et théâtrale : ce ne sont pas uniquement les mains qui sont porteuses de sens, mais également l'implication du buste et les expressions du visage. Tout le corps est sollicité.

Chaque nuance, chaque subtilité peut se traduire en Langue des signes. C'est une langue en trois dimensions !

À chaque pays sa Langue des signes

Chaque pays possède sa propre Langue des signes ; c'est pourquoi, en France, on parle de LSF : la Langue des signes française.

En Langue des signes, on pense en images ; on parle alors d'iconicité. La Langue des signes reflète la culture, les modes de vie, l'approche visuelle de chaque pays. On pourrait penser

que cette multiplicité des Langues des signes complique la vie des sourds, qu'une langue universelle serait plus simple, mais c'est en fait bien plus riche et évident de communiquer à partir des éléments visuels, iconiques de chaque culture ou pays.
Par exemple, « manger » au Japon se signe avec l'index et le majeur qui rappellent les baguettes.
Aux États-Unis, on parle de l'ASL (*American Sign Language*), en Espagne de la LSE (Langue des signes espagnole)...
Dans le monde francophone, chaque pays (Suisse, Belgique...) utilise des signes différents. Et même en France, d'une région à une autre, certains signes peuvent différer.

L'histoire de la Langue des signes française

Avant que nos ancêtres hominidés n'aient un larynx formé et que l'homme n'ait recours à la parole, on devine aisément que ceux-ci communiquaient par des mimes et des gestes ; notre premier mode de communication donc !
Alors que le langage oral évoluera à travers les millénaires, le monde des sourds, lui, devra attendre le XVIIIe siècle pour qu'un homme, l'abbé de l'Épée, ne s'intéresse à eux. Après avoir observé des jumelles sourdes communiquer entre elles, il décide de les instruire en s'appuyant sur leurs signes et crée l'alphabet en Langue des signes.
Ce tournant décisif est malheureusement obscurci en 1880 par le congrès de Milan interdisant la LSF et préconisant l'oralisation. Durant cent ans, les sourds se cacheront pour signer, et, de fait, la Langue des signes s'appauvrira.

Alors qu'il est encore interdit de signer dans les écoles françaises, en 1980 se produit le « Réveil Sourd » qui permettra quelques années plus tard l'utilisation de la LSF pour l'éducation des enfants sourds.
En 1993, l'obtention du Molière de la révélation théâtrale par Emmanuelle Laborit, comédienne sourde, dans le spectacle *Les Enfants du Silence,* est un déclencheur pour la communauté sourde. Mais ce n'est qu'en 2005 que la LSF sera reconnue comme une vraie langue.

La Langue des signes internationale

Il existe une Langue des signes internationale (LSI) relativement peu développée : elle n'est que peu utilisée par les sourds, comprenant trop peu de signes.
Mais deux sourds de pays différents se comprendront très rapidement et auront une communication aisée au bout de quelques heures.

L'origine des signes avec les bébés

C'est dans les années 1980 que des chercheurs américains se sont penchés sur la communication gestuelle pour bébé. Joseph Garcia, interprète en ASL (Langue des signes américaine), a pu constater que les enfants entendants nés de parents sourds pouvaient communiquer dès l'âge de neuf mois, donc plus tôt que les enfants nés de parents entendants. Il en fera le sujet de sa thèse qui donnera naissance au programme *Sign with your baby,* préconisant l'apprentissage de la Langue des signes conventionnelle.
Parallèlement, les recherches de Linda Acredolo et Susan Goodwyn, spécialistes du langage et du développement dans

la petite enfance, les mèneront à mettre au point un langage des signes simplifié s'inspirant de l'ASL ainsi que des gestes naturels des enfants : elles créeront le programme *Baby Signs*.

De vrais signes

Les signes pour communiquer avec son bébé sont issus de la Langue des signes française : ce sont les mêmes signes que ceux utilisés par les Sourds.

Ces signes, très visuels, n'ont pas besoin d'être simplifiés ou modifiés pour s'adresser au bébé.

De nombreux signes peuvent d'ailleurs être compris ou devinés, sans même connaître la LSF. Le signe « manger » se fait en portant la main avec le bout des doigts resserrés à la bouche : c'est ce que nous ferions instinctivement en mime. D'autres signes, au contraire, peuvent paraître moins évidents au premier abord et plus énigmatiques, ce qui s'explique souvent par une raison étymologique ou historique[1] ; la connaître permet une mémorisation du signe plus facile.

« Caca » se signe avec un index venant tapoter le cou à deux reprises. Nous aurions logiquement imaginé un geste au niveau du ventre. Mais ce signe a justement une origine historique : lors de l'interdiction de la LSF entre 1880 et 1980, et donc de la préconisation de l'oralisation, les Sourds ont participé – de gré ou de force – à de nombreuses séances d'orthophonie. Si l'on place justement sa main sur sa gorge en produisant le son [k], la vibration est évidente. Ce signe « caca » tire donc son origine de l'histoire des Sourds.

---

1 Yves Delaporte, *Dictionnaire étymologique et historique de la Langue des signes française : origine et évolution de 1 200 signes.*

La LSB : ça existe ?

Il n'existe pas à proprement parler de « Langue des signes bébé », donc de LSB.

En communiquant par signes avec son bébé, le parent choisit de signer un ou deux mots de la phrase. Inutile de tout signer. Comme le geste accompagne la parole, signer chaque mot de la phrase produirait du « français signé » – traduction littérale de mots en signes sans respecter la syntaxe spécifique de la LSF – et non pas la Langue des signes.

Les signes avec bébé

Une communication gestuelle

Le but étant de tisser un lien, d'établir une communication privilégiée avec son enfant, le parent choisira ce qui lui semble le plus adapté : signe ou geste.
S'il est dans cette démarche de signer avec son bébé, l'adulte utilisera bien sûr une grande majorité de signes issus de la LSF, mais il pourra aussi y ajouter quelques gestes. Il s'agit donc d'un langage gestuel accompagné de la parole.
L'important est alors de faire toujours le même geste ou d'utiliser à chaque fois le même signe comme référent pour l'enfant ; tout comme il est important que les deux parents utilisent le même code gestuel.
Si l'adulte préfère simplifier ou remplacer un signe par un petit code gestuel qui lui semble plus approprié, ce sera alors le code « secret » propre à la famille.

Des gestes pour parler

Les bébés commencent à faire leurs premiers gestes intentionnels vers 8-10 mois lorsque leur motricité fine se développe : « coucou », « bravo », pointer du doigt les objets, faire les marionnettes… Mais ils devront attendre plus ou moins 2 ans pour parler.

En développant la gestuelle naturelle des bébés et en empruntant de petits signes à la Langue des signes française, le bébé pourra s'exprimer précisément avec ses petites mains ! Il aura l'habileté suffisante pour reproduire les petits signes et se faire comprendre.

JE T'AIME

Lorsque je déposais mon fils à la crèche, juste avant de nous séparer pour la journée, notre plus grand plaisir était de faire un petit geste secret que nous étions les seuls à comprendre : nous nous envoyions le très doux signe « je t'aime » à travers la porte vitrée. C'était notre signe secret et nous n'avons pas manqué un matin de le faire !

Un univers bienveillant

Cette démarche s'inscrit dans ce que l'on appelle le « parentage proximal » : être à l'écoute des besoins de son bébé en lui offrant une grande proximité. Les « maternantes » sont par exemple attachées à l'allaitement prolongé et à la demande, au portage, au peau à peau, parfois au cododo… et à la Langue des signes !

Ce choix d'éducation repose sur la théorie de l'attachement élaborée par le psychiatre et psychanalyste anglais John Bowlby vers 1960. Pour lui, l'attachement est un des besoins primaires du jeune enfant, comme manger ou dormir. Le

besoin affectif du bébé est tout aussi important que ses besoins physiques.
Les parents « proximals » répondent rapidement avec sensibilité – et en écoutant leur instinct – aux besoins de leur bébé.
Et c'est uniquement lorsque ses besoins de proximité seront satisfaits que le bébé se sentira rassuré, en sécurité affective, qu'il se construira, se développera au mieux et deviendra par lui-même progressivement autonome.

Communiquer par signes avec son bébé entre totalement dans cette disponibilité et cette écoute des besoins de son enfant. On peut bien évidemment offrir de l'attention à son enfant sans pour autant signer avec lui ; mais cette démarche est un vrai « plus ».
Signer avec son bébé, c'est être pleinement ensemble. On est présent, avec son enfant, et on ne fait pas autre chose en même temps : on ne cuisine pas, on n'est pas sur son téléphone…
Et pour ne pas craindre l'excès inverse, rassurez-vous : ce n'est pas parce que notre enfant exprimera un désir, par exemple en faisant le signe « gâteau », que nous devrons nous empresser de lui en donner un ! Nous aurons alors compris son désir et pourrons lui apporter une réponse adéquate.

Témoignage

Je m'étais tournée vers l'atelier communication gestuelle pour partager une activité régulière avec Camille (7 mois). Dès le premier atelier, j'ai été fascinée par la créativité et la poétique de la Langue des signes. J'ai aussi passé un moment agréable avec Camille tout en entrevoyant les possibilités

à venir de communication, même si à cet âge, c'était trop tôt pour le ressentir. Je me suis engagée pour l'année, et je signais avec Camille, assez irrégulièrement, les chansons apprises lors des ateliers, ce qui l'amusait. À vrai dire, j'étais surtout animée par la curiosité de découvrir cette langue et le plaisir de partager, sans guetter frénétiquement les premiers signes de Camille. D'autant plus, je l'avoue, que je ne me sentais pas particulièrement soutenue dans cette démarche par le papa qui percevait cela comme une activité gentiment illuminée.
J'ai changé de point de vue lorsque Camille a commencé à vouloir exprimer des envies et des besoins, et j'ai investi ce moyen de communication un peu plus régulièrement. Les signes « encore », « bébé », « téter » « chocolat » et « eau » étaient les plus récurrents. Le vrai bonheur, c'est la prise de conscience de Camille qu'à un même geste compris de moi correspond une réponse satisfaisante pour elle. Et quelle joie de se comprendre mutuellement. À partir de ce moment, l'utilisation de gestes, issus de la LSF ou « inventés », a décuplé car Camille avait une vraie volonté de se faire comprendre. À l'objection évidente que les bébés n'attendent pas qu'on leur enseigne les signes pour communiquer par gestes, je réponds simplement que la LSF facilite, alimente et enrichit cette pratique innée en offrant des gestes « prêts à l'emploi ». La connaissance de ces signes par le parent permet d'introduire rapidement et facilement le nouveau mot nécessaire à l'enfant et offre une vraie communication, d'autant plus riche et utile que le « vocabulaire » est étendu.
Et le papa de Camille dans tout ça ? Il revient complètement fasciné et ému par la capacité de sa fille à s'exprimer si

clairement ! Bref, il ne s'agit pas d'« apprendre » la LSF ni d'être puriste (Camille me signale son envie de faire pipi par un geste bien personnel qui n'est pas celui de la LSF, peu importe !), mais de s'enrichir de signes utiles (toujours oralisés, bien sûr) qui vont fluidifier et donc faciliter la communication. La beauté, la poétique ou la drôlerie du signe, c'est bonus !

Au-delà de la curiosité assouvie, je vous remercie donc, Sophie, pour cet accompagnement vers une communication épanouie avec Camille, et plus largement encore pour votre accompagnement discret mais précieux dans la parentalité bienveillante : tant vos suggestions de lecture que votre remarque déterminante sur le portage... Ce n'est pas l'objet de votre intervention et pourtant cela forme un tout cohérent avec votre démarche.

Cécile, maman de Camille

Un geste + un mot

La règle d'or est de toujours associer le geste à la parole. Il est important de faire le signe au moment où le mot est prononcé afin que l'enfant identifie bien ce mot signé pour pouvoir, ensuite, le reproduire.

Faire un signe sans prononcer le mot correspondant n'aurait bien entendu pas de sens : nous nous adressons à des enfants entendants. Il s'agit d'y associer la parole puisque eux-mêmes parleront à leur tour. C'est une étape, une passerelle vers l'acquisition du langage.

Les bienfaits

Avant la parole

Un regard, une expression, des inflexions de voix, une gestuelle… tout ce langage corporel, cette communication non verbale saisit, interpelle et a un impact beaucoup plus fort – de façon souvent inconsciente – que le langage oral.
Le lien extrêmement fort qui se tisse entre un parent et son bébé passe justement par cette communication non verbale : tout comme notre bébé est à notre écoute à travers nos gestes, notre comportement, nous le sommes à notre tour en apprenant à (re)connaître, à identifier ses mouvements, ses mimiques, ses sourires, ses pleurs, ses gazouillis.

Nous faisons naturellement une multitude de gestes, dans notre quotidien, avec notre bébé : pour appuyer notre propos, capter son attention, accompagner une chanson, le faire rire… Et par mimétisme, par jeu, il va rapidement essayer de reproduire nos gestes. L'habileté de ses petites mains (la motricité fine) se développera bien plus rapidement que sa parole.
Le petit d'homme devra attendre plus ou moins deux ans avant que son larynx ne soit suffisamment formé pour permettre

l'articulation précise des mots, alors qu'il aura acquis une maîtrise et une précision avec ses petites mains dès ses 8-10 mois. Ajoutez quelques signes à cette communication gestuelle naturelle et vous aurez des échanges riches et précis avant même l'arrivée de la parole !

Témoignage

Courrier reçu d'une maman dont la fille (13 mois) était dans la même crèche que mon fils (18 mois).

> *Juin 2016*
> *Bonjour madame, je suis la maman de Mila et je me permets de vous écrire au sujet du Langage des signes. Mila a communiqué par signes avec nous tout le week-end, c'était très étonnant et impressionnant. J'ai demandé à la crèche si c'était eux qui lui avaient appris et ils m'ont dit que non, et qu'a priori Mila, comme d'autres bébés de la section, reproduit les signes que vous avez enseignés à votre fils Marius.*
> *Je voulais vous dire que je trouve extraordinaire que nos enfants puissent communiquer comme cela à cet âge et j'aimerais beaucoup pouvoir en parler avec vous, à la crèche ou ailleurs. Merci !*
>
> *Septembre 2016*
> *Bonjour Sophie ! Un petit message pour vous donner des nouvelles de Mila qui nous émerveille chaque jour ! Sans que nous ayons beaucoup insisté depuis l'atelier « Signes avec bébé », et alors qu'elle n'a pas beaucoup vu Marius ces*

deux derniers mois, elle signe un nombre impressionnant de mots : dormir, manger, boire, changer la couche, prendre le bain, chaud, encore, chut, fini, j'aime et d'autres encore ! Je ne m'explique d'ailleurs pas vraiment comment elle connaît tout ça vu que les signes ne sont pas enseignés à la crèche, elle a dû mémoriser les signes de Marius depuis très longtemps, c'est vraiment très impressionnant.
C'est tout un panel de vocabulaire gestuel qu'elle utilise désormais et c'est vraiment incroyable pour nous de la découvrir aussi avancée dans la compréhension de ce que nous lui disons. Le partage est énormément facilité et les échanges sont un régal. Encore un grand merci à vous de nous avoir fait découvrir la Langue des signes pour bébé, grâce à vous nous nous sentons beaucoup plus proches de Mila et vivons des moments magiques de complicité.

Cécile, maman de Mila

Une aventure familiale ludique

Le jeu est un élément structurant de la relation parent-enfant : en jouant avec son enfant, on se connecte à lui, on partage un moment de connivence unique, et on rit !
Tout passe par le jeu, autant pour les enfants que pour les parents, même si pour nombre d'adultes, la notion de jeu peut paraître lointaine, enfouie dans leur propre enfance.

Lorsqu'on découvre les signes, on commence souvent « comme ça », pour voir ce que ça peut donner… et, petit à petit, sans s'en rendre compte, on se prend au jeu : on s'essaie à faire de nouveaux signes et on entre alors très vite dans une

communication précise, riche, qui dépasse ce qu'on pouvait imaginer. On ne s'attendait pas à aller si loin avec les signes ! Et même si ce n'est qu'un des deux parents qui est à l'initiative, l'autre parent est rapidement conquis, et l'entourage aussi d'ailleurs : les plus sceptiques de notre entourage auront besoin de voir que « ça marche » et ils seront étonnés de voir à quel point le très jeune enfant communique.

Témoignage

J'ai entendu parler des signes pour bébé à la naissance de mon fils et je l'ai emmené à un atelier par curiosité. J'ai été enchantée du moment convivial passé avec plusieurs familles et j'ai facilement retenu quelques comptines qui captivaient vraiment mon bébé ! Mon compagnon, qui était d'abord un peu perplexe, voire sceptique, s'est pris au jeu et il m'a accompagnée pour un nouvel atelier et nous avons peu à peu introduit une cinquantaine (!) de signes du quotidien. C'est un vrai plaisir de voir à quel point les petits sont réceptifs à ce langage dès le plus jeune âge, mais encore plus de voir notre enfant se mettre à s'exprimer grâce à ces signes alors qu'il ne parle pas encore ! On sent vraiment l'enfant heureux de se faire comprendre !
Aujourd'hui, à 2 ans, mon fils abandonne progressivement les signes quand il arrive à prononcer les mots mais certains signes restent très utiles notamment pour les émotions, quand il est submergé et n'est pas en état de s'exprimer il signe facilement et j'ai vraiment l'impression que ça l'aide. Merci !

Sandrine, maman d'Abel

Diminue les frustrations, les pleurs et les colères

L'enfant ne parlant pas encore va avoir recours aux moyens qui sont à sa disposition, à sa portée pour s'exprimer : il va babiller, pointer du doigt les objets, mais pourra aussi pleurer ou crier si nous ne le comprenons pas.
Utiliser un petit signe sera libérateur et valorisant pour l'enfant qui pourra ainsi se faire comprendre immédiatement ; et pour le parent, ça évitera de jouer aux devinettes : quand un enfant pleure, il n'est pas toujours aisé de savoir pourquoi – a-t-il faim ? froid ? faut-il lui changer sa couche ? a-t-il besoin d'un câlin ? s'est-il fait mal ? – et donc d'avoir la réponse adéquate.

Le petit d'homme pouvant exprimer clairement et simplement son besoin sera serein, rassuré et les relations au sein de la famille seront apaisées : tout le monde sera gagnant. En comprenant son enfant et en se plaçant dans cette posture d'écoute, une relation de confiance et de complicité s'instaure : l'enfant sait que ses besoins seront compris, entendus et l'adulte sera encore plus à l'écoute des rythmes et des besoins de son enfant.

Témoignage

Réfractaire au début, de peur que la parole soit retardée chez l'enfant, j'ai débuté la Langue des signes vers les 1 an de ma fille Sofia en pensant pouvoir désamorcer les petites crises du quotidien de notre fille qui pleurnichait souvent et nous avons le sentiment que cela a fonctionné.

Le premier signe a été « encore » et fini les pleurs à la fin des repas, des jeux au parc ou après le bain… notre fille nous faisait comprendre sans cris ni pleurs qu'elle voulait poursuivre son activité du moment. Et quelle fierté dans ses yeux de voir que nous l'avions comprise ! Par ailleurs, Sofia a parlé très tôt (18 mois) avec un vocabulaire riche et aujourd'hui, à 4 ans, elle s'exprime parfaitement bien. Nos inquiétudes sur un éventuel retard de langage ont vite été balayées et nous avons débuté plus tôt les signes avec son petit frère (vers 7-8 mois). Aujourd'hui, à 20 mois, Gabriel ne parle pas encore mais apprécie beaucoup nos nombreuses comptines gestuelles et signe au quotidien « encore », « s'il te plaît », « changer la couche », « pardon », « merci », « bonjour »…

Entre les enfants, c'est assez étonnant : ma nièce du même âge que ma fille qui n'a jamais été initiée à la Langue des signes a tout de suite saisi l'importance du mot « s'il te plaît » quand Sofia lui demandait un jouet en appuyant son mot par le signe et, naturellement, elle en est venue à signer le mot quand elle souhaitait vraiment qu'un autre enfant lui prête ou lui rende un jouet (même en notre absence ou avec des amis à elle qui ne connaissent pas la Langue des signes) : comme si le signe donnait plus de valeur à son « s'il te plaît ».

Pour gérer une situation entre des enfants, je n'hésite pas à la ponctuer de mots signés et j'ai le sentiment que les enfants sont plus réceptifs à ce que l'on essaie de leur expliquer et cela les aide dans l'expression de leurs sentiments ; les enfants sont plus apaisés. Et nous parents également, nous sommes moins enclins à élever la voix.

> *Depuis, nous conseillons l'apprentissage de la Langue des signes à tous les jeunes parents autour de nous : une belle activité à partager avec son enfant et que nous avons plaisir à pratiquer au quotidien.*
>
> Mona, maman de Sofia et de Gabriel

Un tremplin pour l'acquisition du langage

Tout d'abord, ça ne retarde pas l'acquisition du langage ! C'est l'idée reçue qui circule le plus souvent à propos des signes avec les bébés ! Au contraire, les signes vont stimuler le système d'apprentissage et accompagner l'émergence de la parole chez le jeune enfant.

L'adulte parle normalement à son enfant et un petit signe viendra se superposer de temps en temps.
Lorsqu'on signe un mot, on a tendance à ralentir un peu notre rythme de parole, à répéter ce mot signé (avec la voix et avec les mains) qui nous semble important ; on détache encore mieux les mots ou expressions que l'on souhaite mettre en valeur.
Ajouter un petit signe de temps en temps ne retire rien, c'est au contraire une ouverture, une stimulation pour notre enfant.
Le parallèle se fait souvent entre le quatre pattes comme étape avant la marche et les signes comme étape avant la parole !
L'enfant est programmé pour parler, donc pas de risque qu'il se satisfasse des signes et ne parle pas. Les enfants qui signent sont souvent des enfants qui aiment justement les mots et qui

ont un vrai plaisir à parler, à choisir leurs mots. Ils ont même tendance à parler un peu plus tôt que les autres !

Des petites mains qui progressent

La motricité fine est le développement de l'habileté de la main. D'involontaire, le geste du bébé va devenir volontaire. Et le petit d'homme va petit à petit, au fil des mois, acquérir un mouvement de plus en plus précis avec coordination des doigts, des mains.

En imitant puis en s'appropriant les signes, l'enfant va affiner, préciser son geste. Cette agilité manuelle va également stimuler tous les autres domaines du développement de l'enfant.

Et pour reprendre la très juste citation de Maria Montessori : « Les mains sont l'instrument de l'intelligence humaine. »

Témoignage

En tant que psychomotricienne, je me suis intéressée à l'utilisation de la Langue des signes adaptée aux tout-petits à trois niveaux car c'est une pratique qui touche à la sphère psycho-corporelle et très en lien avec les étapes du développement psychomoteur de l'enfant. En effet, le très jeune enfant dit « préverbal » a une palette de communication corporelle à sa disposition comme le tonus, le regard, la verbalisation et les gestes, et la langue signée leur est donc tout à fait adaptée. Ensuite, la Langue des signes peut accompagner la reconnaissance des émotions de l'enfant, ce qui permet à l'enfant de les exprimer et de les gérer au mieux. Et enfin, la précision des signes réalisés se développera en

20 SIGNES

> *même temps que les capacités praxiques de motricité fine et de coordination /dissociation de l'enfant.*
>
> Élodie, psychomotricienne

Du bébé à l'enfant

Que l'on commence à signer avec un nourrisson ou bien avec un enfant qui prononce déjà quelques petits mots, l'aventure des signes sera toujours riche !

Aucun âge ne sera volontairement donné ci-dessous car chaque enfant évolue à son rythme et il n'y a pas d'âge pour telle ou telle acquisition. Pas de « norme », mais des enfants uniques !

Avec un nourrisson

Le bébé est fasciné par le ballet de vos mains, par votre voix accompagnant les signes, par vos lèvres en mouvement, par votre regard posé sur lui… Son temps d'attention, de concentration est très court ; le bébé se fatigue vite. Les signes seront un éveil, un lien fort dans cette relation nouvelle, dans votre découverte l'un de l'autre.

Le bébé ne reproduira certes pas les signes, mais s'habituera à les voir (et vous à les faire !). Plus vous signerez tôt avec votre bébé, plus il signera tôt.

Avec un enfant de quelques mois qui fait des gestes intentionnels (« coucou », « bravo »…)

Le bébé est dans l'interaction nette : il rit, vous regarde avec une attention plus soutenue. Vous savez clairement les signes

ou comptines qui lui plaisent et vous les faites et les refaites avec bonheur !
Le bébé va petit à petit explorer des premiers signes et s'exprimer de plus en plus précisément grâce à ses petites mains.

Avec un enfant commençant à prononcer quelques petits mots

L'enfant – déjà habile avec ses mains – va accompagner (ou tenter d'accompagner), tout comme le fait l'adulte, le signe d'un son : il va faire et refaire le geste et le son ; la répétition va lui permettre d'améliorer, de préciser.
Il va même associer plusieurs signes à la suite, comme pour former une phrase.

Avec un enfant qui parle

À partir du moment où l'enfant sera en capacité de prononcer le mot et donc de se faire comprendre grâce au langage oral, il va abandonner le signe très rapidement. Le signe n'était qu'un intermédiaire pour arriver à la parole !
Lorsqu'un mot n'est pas prononcé très clairement par l'enfant et que l'adulte hésite à comprendre par exemple « bateau », « cadeau » ou « gâteau », un petit signe, en plus du mot prononcé, peut être bien pratique pour éclaircir la situation ! Ou si l'enfant ne connaît pas le mot approprié, lui proposer de faire le signe peut l'aider à se faire comprendre.

MAMAAAAN... !
Mon fils ne signant plus depuis des années, il a tout de même gardé un ou deux signes bien utiles : plutôt que de hurler dans le TGV « Maman, j'ai envie de faire caca ! », il m'appelle et fait le discret signe « caca » (index sur le cou) ; ça évite que tout le wagon ne se retourne et que je pique un fard à chaque passage de mon fils aux toilettes !

Les enfants « extra-ordinaires » aussi

La communication gestuelle accompagnée de la parole est de plus en plus utilisée comme outil de communication avec des enfants ou adultes ayant des difficultés avec le langage : que ce soit pour communiquer ou parler.

Témoignage

Je suis orthophoniste. Lorsque j'ai fait mes études au début des années 2000, on ne parlait pas encore de l'utilisation des signes avec des bébés « allant bien ». Cependant, les signes font partie de nos outils pour aider et accompagner les enfants et les parents d'enfants en difficulté d'apprentissage du langage oral. Dans cette situation, on parle de « communication alternative et augmentative ».
Les signes deviennent une base pour le développement du langage oral. Ils n'empêchent pas son développement.
Après quelques années de pratique, je suis devenue maman et c'est spontanément que j'ai utilisé les signes avec mon premier

bébé. En même temps, j'ai entendu parler de « communication gestuelle avec les bébés ». Je me suis renseignée sur le sujet et j'ai poursuivi une formation pour être animatrice auprès de familles. Aujourd'hui, de nombreux orthophonistes font le même chemin !

Noémie, orthophoniste

Une complicité entre frères et sœurs

Les aînés sont parfois démunis à l'arrivée d'un bébé dans la famille et sont déçus de ne pouvoir jouer tout de suite avec leur petit frère ou petite sœur. Les parents leur avaient parlé d'un compagnon de jeux et ils se trouvent face à un petit être tout fragile qui accapare l'attention de ses parents.

Les grands ne savent pas forcément comment entrer en communication avec les plus jeunes et cette situation peut se révéler frustrante et décevante pour eux, comme pour les parents, rêvant de voir leurs enfants complices et soudés.

Signer avec le bébé peut être la base d'une vraie complicité entre frères et sœurs. Le grand se sentira fier et porteur d'une mission importante. Que l'aîné ait signé ou non lorsqu'il était bébé, il sera dans la (re)découverte ludique et rapide des signes.

Témoignage

J'ai 28 ans quand je donne naissance à mon deuxième enfant, une jolie petite fille pour laquelle on m'avait prédit un accouchement facile avec 2,8 kg pour 42 cm. Sauf que ce n'est pas tout à fait ce bébé là que j'ai eu… Ma « petite » puce pesait 4,825 kg pour 51 cm, soit une grosse boule

d'amour au lieu d'une crevette. Accouchement difficile forcément et nous avons failli y rester toutes les deux. Du fait de cette sortie compliquée, Imaé a gardé des séquelles de sa réanimation : elle est aujourd'hui en bonne santé mais malentendante et épileptique. Nous communiquons donc en LSF depuis sa naissance (premier signe à 6 mois) et toute la famille s'y est mise. Nous avions déjà fait une initiation avec la grande, Laëna, paraît-il que c'est très bon pour le développement… nous l'avons vérifié plus tard !
À la maison, nous parlons aussi beaucoup d'autres langues : un peu de comorien pour papa, de l'allemand pour maman, de l'anglais pour réunir tout le monde et les filles suivent un cursus scolaire en français et en occitan (car nous habitons à Bordeaux).
Leur complicité commence au retour de la maternité. Moi, un peu perdue avec ce « petit » bébé et ma grande qui ne comprend pas trop pourquoi maman s'inquiète beaucoup pour ce bébé qui, au final, ne fait que dormir et manger.
Laëna a très vite pris conscience de la différence de sa petite sœur et s'est de suite prise au jeu de la communication en LSF. À 4 mois, nous avons commencé la diversification alimentaire et là, elles se sont créé un lien entre échange de regards et traduction des premières émotions en LSF. Imaé pas fan des purées de petits pois et Laëna me traduisant son mécontentement.
La première discussion entre elles deux fut magique… En cœur et en signes à 3 ans pour la grande et à 6 mois pour la petite, j'ai eu droit à : « Maman, s'il te plaît, encore du gâteau au chocolat… » De là j'ai tout de suite compris qu'elles seraient les meilleures amies du monde !

Depuis plus d'un an Laëna sait lire. Elle traduit en LSF les histoires qu'elle dévore dans les livres pour, comme elle le dit, « ne pas laisser Imaé bête dans son coin, elle aussi elle a droit de connaître les princesses ».
La LSF permet à Imaé de communiquer tous les jours avec tout le monde. C'est une petite fille très éveillée qui s'intéresse à tout. Et surtout grâce à cette immense complicité qu'elle entretient avec sa grande sœur. C'est pour nous une joie immense de les voir jouer, se disputer aussi, se cajoler, se protéger et grandir ensemble.
Laëna suit un cursus trilingue en français/occitan/anglais et se fait un malin plaisir à mixer tout ça pour expliquer le monde à sa sœur. Loin de nous l'idée d'en faire des polyglottes ou petits génies des langues mais avec la LSF elles se sont ouvertes à la communication très jeunes, alors sans forcer les choses, nous avons continué et nous parlons maintenant presque six langues à la maison entre le comorien, l'allemand, l'occitan, l'anglais, le français et la LSF. C'est pour nous une formidable expérience et cette différence rend notre petite famille plus soudée.
Une belle cohésion et une envie de partage avec le reste du monde, notamment la communauté sourde avec laquelle je m'attache à construire un lien pour les filles, surtout Imaé. J'aimerais tellement qu'elle échappe aux critiques parfois tranchantes des personnes « normales ». Au fond, qui est vraiment normal ? Pas nous, en tout cas, et ça nous va bien comme ça.

Laëtitia, maman de Laëna et d'Imaé

Bilingues : un pont entre deux langues

Le développement du langage chez les jeunes enfants bilingues peut revêtir différentes formes : si certains prennent très vite leurs marques dans chacune des deux langues, d'autres auront besoin d'un peu plus de temps.

Avoir un geste commun pour les deux langues parlées à la maison sécurisera l'enfant : le petit signe utilisé servira de « pont » et lui donnera un repère.

Témoignage

Nous sommes une famille de quatre aujourd'hui. Maman mexicaine et papa français.

Luna a été notre première fille, grossesse parfaite mais accouchement d'enfer. Mais heureusement tout s'est bien fini, nous avons survécu et Luna a été le bébé le plus calme que j'ai jamais vu !

La deuxième grossesse n'a pas été pareille. Déjà, il m'a fallu plus d'un an de thérapie psy pour me lancer dans une deuxième grossesse. J'ai fait une fausse couche mais contrairement à ce que le gynécologue croyait, je suis retombée enceinte en moins de 3 mois. Très contente mais en même temps assez angoissée. Pour améliorer le tout, j'ai perdu mon emploi à cause de ma grossesse (et d'une façon assez violente). Les premiers 3 mois de grossesse furent assez durs, dûs à la perte de mon emploi et au fait d'essayer de ne pas faire encore une fausse couche. Le deuxième trimestre un peu plus calme et le dernier très très angoissant. Je commençais

à faire un blocage pour l'accouchement et, bien sûr, ça s'est fini en césarienne. Enzo est né, un beau bébé de 4,2 kg.
Depuis la maternité, Enzo n'a jamais beaucoup dormi. Il passait 80 % du temps à pleurer, 15 % à téter, 5 % à dormir… nos réveils pendant la nuit oscillaient entre 10 et 14 fois. Et moi, sans travail, je devenais folle avec ses pleurs.
J'ai dû voir au moins 10 spécialistes (pédiatres, ostéopathes, etc.). Rien ne marchait ! Puis un jour j'ai rencontré quelqu'un à la PMI qui m'a parlé de « BABI » (bébés aux besoins intenses) et m'a dit que souvent c'est l'incapacité à s'exprimer qui les frustre le plus. C'est là que j'ai commencé à chercher des informations sur la Langue des signes pour bébé.
Pour nous, ça a été la révélation ! Enzo continuait à mal dormir, mais nous avons découvert qu'il mangeait souvent pas assez (merci le signe « encore » !) ou qu'il avait soif (merci le signe « eau » !). Les signes avaient remplacé les pleurs ! C'était magique !!!
Je sais que les signes varient en fonction de la langue. Mais dans une famille bilingue je trouvais que ça ne faisait pas sens d'apprendre deux signes pour un même mot. Du coup, même si je parle avec mes enfants tout le temps en espagnol, nous nous sommes dit que si nous étions en France, le plus simple serait d'apprendre la LSF. Un signe = une signification. Ainsi, pour le signe « eau », je lui dirais « agua » tandis que mon mari, lui, dirait « eau » ; mais avec la main, le signe serait le même.
En moins de deux semaines, il a appris à utiliser cinq signes qui lui ont permis de communiquer les besoins qui le frustraient le plus.

Nous avons eu une place en crèche à partir de ses 1 an. Dans cette crèche, ils utilisaient énormément le langage de signes avec les enfants et nous étions très contents d'avoir une continuité dans cette démarche.
Même après ses premiers mots, le Langage des signes nous a été utile. Souvent, quand il se réveillait pendant la nuit, il pouvait partager la raison de ses réveils en nous faisant le signe de « peur ». Comme parent, il est toujours plus simple de comprendre le réveil de son enfant quand il « explique » la raison de son réveil que quand il s'agit tout simplement de pleurs.
Avec ma première, je n'ai jamais senti le besoin d'utiliser ce langage, mais après mon deuxième et avec du recul, je trouve que l'apprentissage du Langage des signes serait mille fois plus utile que la préparation à l'accouchement. Rien de mieux que de pouvoir communiquer (dans les deux sens) avec ses enfants dès le plus jeune âge.

Karina, maman de Luna et d'Enzo

Commencer à signer

Vivre un atelier

Un atelier *Signes avec bébé*[2] est avant tout un moment d'échanges. Bien évidemment avec l'intervenante, mais aussi avec d'autres parents dont on verra évoluer l'enfant avec le sien dans un cadre bienveillant.

Lorsque c'est un premier enfant, on est toujours curieux de voir comment cela se passe chez les autres. Les signes prennent enfin vie ; les voilà en vrai !

Le livre est un bon support, mais il est parfois difficile de bien cerner la position des doigts et le mouvement des mains. Le livre est utile pour aborder l'atelier et pour y donner suite. Mais participer à un atelier reste fondamental car la LSF, langue en trois dimensions, est d'abord une langue vivante ! La mémorisation des signes du quotidien et des comptines se fait bien plus naturellement et facilement lors d'un atelier. Il reste un moment de partage dont on se souvient longtemps, associé à l'une des premières activités faites avec son bébé.

Les parents craignent parfois que leur enfant ne soit pas réceptif durant toute la durée de l'atelier. Pas d'inquiétude,

---

2 *Pour participer à un atelier, rendez-vous sur le site de l'association Compagnie Maya : www.compagniemaya.com*

l'intervenante a l'habitude ! Elle s'adaptera au rythme des bébés et proposera un jeu, une comptine ou une histoire en conséquence.

Le mot important

Tout en parlant normalement à son enfant, l'adulte va choisir de signer un mot dans la phrase, le mot-clé. Par exemple : « Il est tard, tu voudrais **dormir** ? » Seul le mot « dormir » sera signé, pas le reste de la phrase.
On prononce le mot important en même temps qu'on le signe. L'idée est de le surligner pour le mettre en valeur.

Un bon réflexe

Faire un signe tout en prononçant un mot n'est, bien sûr, pas une évidence. Ça demande un petit effort les premiers jours, mais vous serez surpris de voir combien l'habitude de ce petit jeu se prend facilement !
Choisissez deux-trois actions que vous faites très régulièrement avec votre bébé ou des mots que vous utilisez souvent puis essayez de signer à chaque fois que vous dites à votre enfant par exemple « Je vais te donner le **bain** » ou « Nous partons à la **crèche** ».
Ce sera un jeu entre vous et votre bébé et vous le ferez automatiquement au bout de quelques jours ; vous n'y réfléchirez même plus, cela vous paraîtra naturel. Vous pourrez alors ajouter d'autres signes !

LA SERVIETTE ÉTAIT... ROUGE

Au mois d'août, lors de vacances au bord de la mer, je chantais souvent à mon fils de 18 mois des comptines ayant pour thème le soleil, l'été, la mer, les poissons... et j'aimais beaucoup la comptine gestuelle : « Petit poisson qui bouge, Petit poisson tout rouge... » en accompagnant le début des signes « poisson » puis « rouge ».

Étant en vadrouille la plupart de la journée, nous lui changions sa couche quand il en avait besoin où nous le pouvions (sur la plage, lors de randonnées en pleine nature, sur la petite place d'un village). Pour l'installer confortablement, nous avions toujours dans le sac à dos une petite serviette éponge rouge.

Un jour que nous nous apprêtions à le changer, n'ayant pas sorti la petite serviette habituelle, je vois mon fils passer son index avec insistance sur ses lèvres. Sur le coup, je n'ai pas saisi et j'ai continué à le changer ; puis il passait et repassait tellement son petit index sur ses lèvres que je me suis arrêtée et j'ai compris après quelques secondes qu'il faisait le signe « rouge » (index qui descend sur les lèvres) pour réclamer sa petite serviette et être allongé dessus. Je ne savais même pas qu'il savait nommer les couleurs ! Dès que j'ai sorti la serviette, il a souri, a pointé du doigt la serviette et a refait le signe « rouge », soulagé. Je n'en revenais pas ! Nous avons joué avec les couleurs et les signes tout le restant du voyage.

Dès la naissance

Un nouveau-né ne reproduira certes pas les signes, mais sera émerveillé, captivé par l'association de la voix et des gestes. Signer avec son bébé dès sa naissance donnera au parent l'habitude de signer et à l'enfant de s'y familiariser.

Plus tôt vous signerez avec lui, plus tôt il aura envie de reproduire les signes !

Le congé maternité ou bien des vacances à venir peuvent être un moment propice pour s'amuser à faire des premiers signes. Et pourquoi pas commencer avec les comptines gestuelles qui peuvent paraître plus ludiques ?

Témoignage

Nous avons commencé la Langue des signes un peu par hasard avec notre fille lorsqu'elle avait environ 3 mois. En effet, j'étais à la recherche d'une activité Maman Bébé à faire tout au long de mon congé parental et comme nous ne savions pas qu'elle serait notre destination après (nous étions expatriés), je trouvais qu'une activité sur le langage pourrait être intéressante a fortiori si nous étions amenés à repartir dans un pays non francophone. En fait de langage il en est question mais, finalement, de façon minime, presque secondaire.

Pratiquer la Langue des signes avec notre enfant s'est avéré une aventure extraordinaire qui nous a tous les deux, mon mari et moi, porté dans la parentalité. Notre fille a commencé à signer en même temps que la marche. À ses 10 mois et en 2 semaines elle avait signé tous les signes de base, puis les animaux des chansons, puis des phrases, la première était

« il est bon le gâteau de mamie »... Il nous a fallu apprendre de nouveaux signes pour nourrir notre curiosité mutuelle. En effet, ça y était, nous communiquions avec notre fille, et elle avait 1 an. C'était à la fois génial et déstabilisant. Génial car nous partagions une réelle proximité, nous pouvions comprendre tous ses besoins, et partager ensemble nos émotions, nos impressions. Déstabilisant car nous n'avions pas anticipé le fait qu'une enfant si jeune comprenne autant de choses. Je me suis rendu compte une fois alors que je poussais sa poussette et que j'étais au téléphone qu'elle signait des mots de ma conversation téléphonique.
Notre fille signait dès qu'elle se retrouvait en présence de personnes réceptives, elle partageait. À la crèche, par exemple, elle a fini par convaincre les animatrices et les parents qui étaient plutôt sceptiques.
À ses 16 mois nous avons déménagé, nous vivons maintenant au Mali. Les signes nous ont, là aussi, aidés à nommer le voyage et le déménagement. Elle sait maintenant dire lézard, moustique, avion, âne, chèvre, pot... Je pense également que ça l'a aidée à s'adapter et à prendre confiance dans son nouvel environnement car nous avons partagé les signes de base avec les personnes qui nous entourent.
Notre fille a toujours signé en essayant de prononcer les mots qu'elle signait de la même façon que nous le faisons avec elle. De ce fait, elle a commencé à parler dès ses premiers signes, et, maintenant, à presque 18 mois, elle est intarissable. Elle répète tout ce qu'elle entend, signe les mots qu'elle ne prononce pas encore très bien et articule bien tous ceux qu'elle ne signe plus.

Pour nous, signer avec notre enfant s'est révélé comme une superbe aventure, qui nous a donné à tous les trois beaucoup de confiance.
C'est tellement agréable de comprendre son enfant, ses besoins, ses sentiments, ses pensées, ses questionnements. Notre fille a 18 mois et nous avons de vraies discussions. C'est un réel plaisir.
Notre fille n'a jamais beaucoup pleuré, et ne semble pas être d'une nature trop impatiente, mais il me semble tout de même que les signes ont largement participé à ce qu'elle utilise rapidement d'autres moyens d'expression que les pleurs et les cris. C'est très agréable. Maintenant qu'elle parle mieux, elle utilise toujours les signes dans les moments où on ne doit pas faire trop de bruit, comme dans l'avion par exemple.

Laetitia et Thomas, parents d'Aya

Main droite, main gauche

En Langue des signes, on appelle « main dominante » la main que l'on utilise spontanément.
Les droitiers utiliseront donc naturellement leur main droite pour signer et les gauchers leur main gauche.
Mais quand on a un bébé dans les bras, on signe avec la main qui reste disponible !

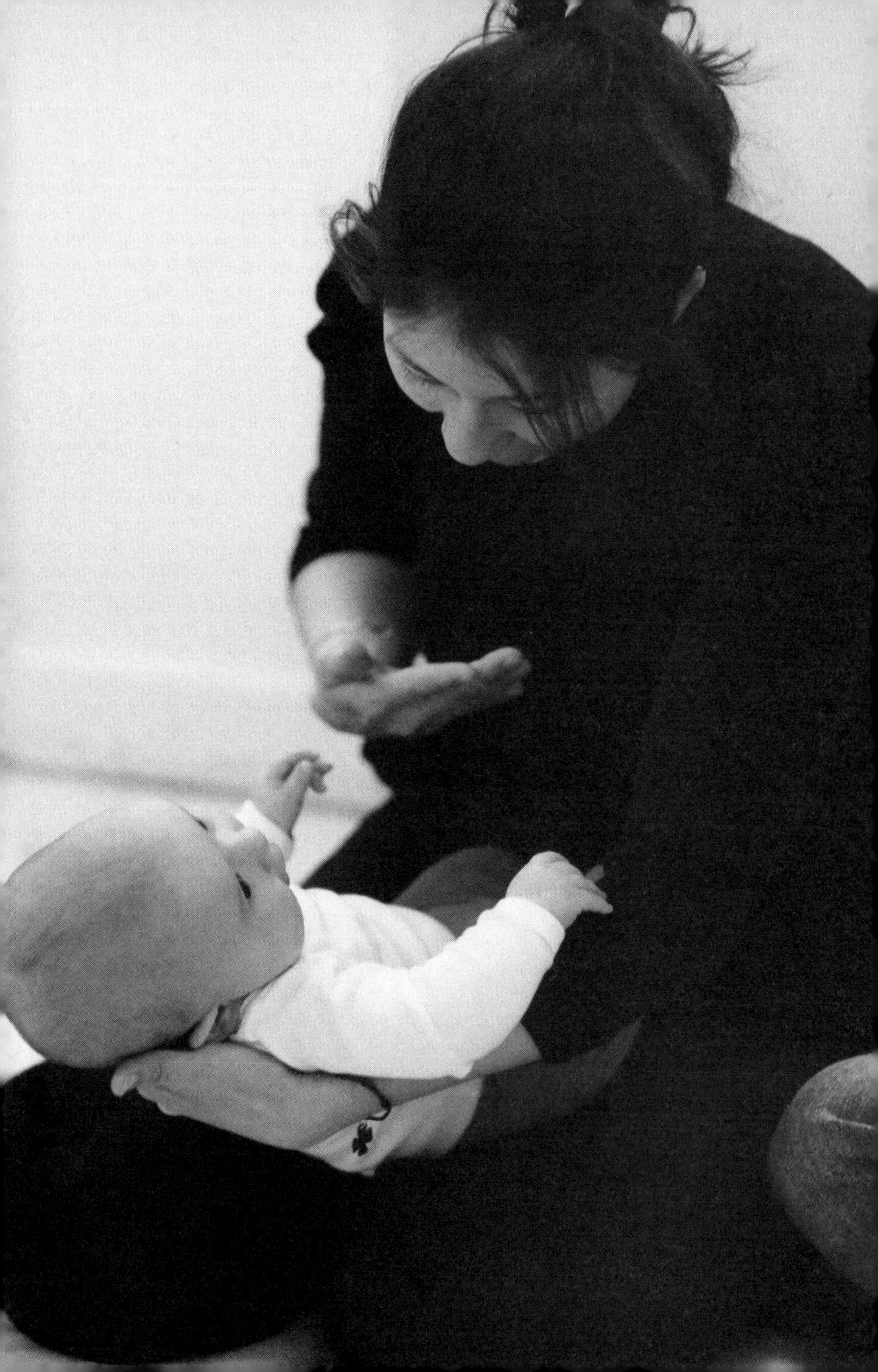

Signer au quotidien

Mes trois premiers signes

Lorsqu'on a envie de commencer à signer avec son bébé, on est prêt à apprendre et à utiliser plein de signes. Attention ! Mieux vaut sélectionner 2-3 signes au départ, pas plus, mais les faire systématiquement à chaque fois que l'on prononce le mot correspondant.

Avec trop de signes au démarrage, on va se décourager et arrêter au bout de deux jours car ça nous paraîtra contraignant, prenant trop de temps…

L'idéal est de sélectionner les signes qui paraissent incontournables et qu'on va forcément signer chaque jour : par exemple, un signe lié au repas (selon l'âge de votre enfant : « téter », « biberon » ou « manger »), le « change », le « bain » ou encore « dormir ».

Et une fois ces premiers signes faits automatiquement, on pourra ajouter 2-3 autres signes, et ainsi de suite.

Les signes justes

Choisir le bon signe au bon moment : les signes utilisés avec un bébé de 3 mois ne seront évidemment pas les mêmes qu'avec un bambin de 12 ou 18 mois. Être attentif à cette évolution va nous guider dans le choix des signes, même si certains signes sont en réalité incontournables : manger, changer, bain…

Placer l'enfant au centre, l'observer, l'écouter : De quoi a-t-il besoin ? Que regarde-t-il ? De quoi se souvient-il ?…

Mieux vaut utiliser peu de signes, mais qu'ils soient parfaitement adaptés : avec les tout-petits, on pourra s'axer sur les besoins primaires ; avec les plus grands, les signes seront par exemple un précieux soutien pour identifier et nommer les émotions. Que le mot signé soit lié à un réel besoin de l'enfant l'aidera ensuite à se l'approprier.

Combien de signes ?

Il n'y a pas de nombre minimal ou maximal de signes à mettre en place avec son enfant.

À son écoute, il nous guidera naturellement vers plus ou moins de vocabulaire. Il s'agit de suivre son rythme, en évitant toute surstimulation. Y aller progressivement !

Et bien choisir les signes en fonction de ses besoins. Le but n'est pas qu'il possède un important répertoire de signes mais d'être dans une approche douce et ludique.

Du temps…

Vous signez depuis des semaines avec votre enfant et il n'a toujours pas fait de signe… Faites preuve de patience et d'optimisme : le tout-petit a besoin d'un temps plus ou moins long d'observation ; il lui faudra aussi attendre que ses petites mains aient la précision/coordination suffisantes pour reproduire le signe et, enfin, il lui faudra l'élément déclencheur (besoin, émotion…) !

Le premier signe peut mettre plusieurs mois avant d'arriver, mais quand il est là, c'est magique !

> MUSIQUE !
> Je signais au quotidien avec mon fils depuis ses 8 mois ; il me regardait la plupart du temps avec intérêt et visiblement amusé par mes signes. Mais il ne signait pas... ! Ayant entendu qu'il fallait du temps au bébé pour reproduire les signes, je m'accroche alors et continue vaillamment à signer. Un jour (à presque 11 mois) qu'il était dans son petit lit tout habillé, m'attendant pour sortir, j'avais mis son mobile en marche pour l'occuper quelques secondes, le temps de m'habiller moi-même. Mes préparatifs ayant pris un peu plus de temps que prévu, je passe la tête pour lui faire un petit coucou et vérifier que tout va bien. Je le vois assis dans son lit, les yeux fixés sur le mobile, en train de faire le signe « musique ». Le mobile s'était effectivement arrêté – ce que je n'avais pas remarqué – et il voulait remettre la musique. Son premier signe était fait !

Le déclic

Ça y est, votre bébé a fait son premier signe ! Quelle émotion ! Vous n'en étiez pas sûr, mais là, c'est évident : il a fait un signe ! Quel a été le déclencheur ? Un besoin, une observation, une émotion… ?

Lorsque l'enfant fait son premier signe et qu'il se voit compris par son parent, c'est généralement l'avalanche de signes dans la même journée ou les jours qui suivent ! Comme avec le langage oral, dès le premier signe, tout s'enchaîne ensuite très vite.
Quelle joie de voir votre petit bout si fier !

Témoignage

> *Bonsoir, je fais des bonds de joie depuis 10 minutes parce que mon bébé vient de signer « encore » pour la première fois ! Merci encore pour votre atelier, c'est vraiment génial de pouvoir aider nos enfants à communiquer aussi petits !*
>
> Sandrine, maman d'Abel, 12 mois

Babillage des mains

Comme avec le langage oral où l'enfant tâtonnera avec ses premiers mots, il en sera de même avec les mains. Les premiers signes imprécis, avec l'entrainement, s'affineront petit à petit pour aboutir enfin aux « vrais » signes.
Une règle d'or : l'adulte s'efforcera toujours de signer le signe juste. Avec les mots, l'enfant commence par exemple à nommer le chien un « ouaf ouaf ». À l'adulte de ne pas l'imiter et de s'attacher au « bon mot ». Avec les signes, c'est le même processus. L'enfant s'appropriera lentement mais sûrement le bon geste, le bon mouvement.
Lui placer les mains pour lui montrer comment faire ne l'aidera pas. C'est à lui de trouver progressivement le bon signe.

UN SIGNE POUR UN AUTRE

Durant plusieurs semaines, j'étais très amusée par le fait que mon fils applaudisse à tout bout de champ. Je trouvais que ce n'était pas toujours très approprié, mais si mignon !

Jusqu'au jour où j'ai (enfin !) compris qu'il ne faisait pas « bravo » avec ses petites mains, et qu'il signait « encore » de façon tout à fait imprécise et maladroite, mais que ce geste arrivait au bon moment et qu'il s'en servait à bon escient.

Puis, au fil des semaines, son geste a évolué et s'est précisé : il ne frappait plus ses paumes de mains l'une contre l'autre, mais c'est l'index de la main droite qui venait tapoter la paume gauche. Il se rapprochait du « vrai » signe. Et en même temps, il accompagnait son geste du son « co-co » pour se rapprocher aussi du « vrai » mot.

Et c'est enfin quand il a réussi à faire le vrai signe qu'il a prononcé le mot « encore » parfaitement articulé ! Et très rapidement, comme le mot était désormais présent, il a abandonné le signe.

L'EFFET BOULE DE NEIGE

Quand mon fils a eu environ 12-13 mois et que les signes étaient bien ancrés dans notre quotidien à la maison, je me suis demandée comment il allait s'en sortir à la crèche où personne ne signait.

Après avoir fait quelques signes que personne ne comprenait à la crèche, il s'est vite rendu compte qu'il lui faudrait communiquer autrement avec les auxiliaires de puériculture... Jusqu'au jour où une nouvelle auxiliaire est arrivée dans sa section et a été frappée par la communication que les signes permettaient. Elle nous demandait chaque soir la signification de tel ou tel signe que mon fils avait fait dans la journée ; la plupart du temps, elle les devinait, mais voulait avoir confirmation du geste précis.

Elle enrichissait chaque jour son éventail de signes en suivant le rythme donné par mon fils. Et devant l'intérêt de cette auxiliaire, mon fils ne s'arrêtait plus de signer !

Puis petit à petit, voyant mon fils et cette auxiliaire signer ensemble, les autres enfants de la section – sans que personne ne leur enseigne – se sont mis, eux aussi, à signer. Chaque jour, à la fin du repas de midi, tous les enfants de la section faisaient le signe « encore » pour réclamer du pain ! Une bonne motivation !

L'entourage

Un bébé qui aura l'habitude des signes avec ses parents ne sera absolument pas perdu lorsqu'il sera gardé par d'autres personnes qui ne signent pas : il s'adaptera et trouvera aisément d'autres moyens de communiquer.

Que ce soit avec une nounou, à la crèche ou avec les grands-parents, n'hésitez pas à transmettre quelques petits signes que votre enfant fait ou apprécie particulièrement. Mais si l'entourage est sceptique, laissez votre enfant s'adapter lui-même avec ces personnes : il saura très bien communiquer autrement ou bien les convaincre et les charmer avec ses petits signes !

2

Répertoire des signes

Clin d'œil

Moyen mnémotechnique

aider

Poser le poing fermé sur la paume de l'autre main.
Je t'aide : mouvement de soi vers la personne à qui l'on propose son aide.
Tu m'aides : mouvement de l'autre vers soi.
Penser à « donner un coup de main ».

aimer / bon

bec du canard du menton vers le bas

Main tendue, doigts serrés, mouvement de son cœur vers l'autre.

On offre son cœur.

attention

Un index tendu sous chaque œil puis crocheter l'index sur le pouce.

✏ Comme un cocher, tenir les rênes car l'origine du signe est d'ouvrir les yeux pour faire attention aux calèches en traversant.

au revoir

Secouer la main de droite à gauche ou bien fermer et ouvrir la main comme vous le faites déjà naturellement.

avoir mal / douleur

Le pouce descend lentement sur le menton. Le visage exprime la douleur.

bain

ou les mains imite la surface
de l'eau

Monter et descendre alternativement les poings fermés sur la poitrine comme si on se lavait.

beau

La main tendue, doigts serrés sauf le pouce, paume vers soi, caresse le bas du visage, en descendant et en se refermant.

biberon

Un bras plié (comme si l'on soutenait son bébé).
Avec l'autre main, le pouce est dirigé vers le bébé.
Petit mouvement d'avant en arrière.
On donne à boire au bébé.

bisou

La main en forme de bec de canard vient se poser, comme le bisou, sur la joue, le front…

blanc

La main s'ouvre au niveau du cou en s'éloignant.
L'emplacement du signe vient de la fraise (collerette) portée autrefois.

bleu

Comme « au revoir », fermer et ouvrir la main, mais le pouce rentré.

bon appétit

Le poing fermé tape sur l'autre main tendue, paume vers le sol qui représente alors une table.

bonjour

Main ouverte, doigts serrés, le mouvement part
du menton et va vers l'autre.

bravo

Mains ouvertes, doigts séparés, les bras levés tournent comme dans la comptine « Ainsi font, font, font les petites marionnettes ».

caca

L'index vient tapoter deux fois le cou là où on sent la percussion du son [k].

Le signe vient de la rééducation orthophonique.

câlin

Les poings serrés, les bras croisés sur la poitrine, faire un petit mouvement de droite à gauche comme pour bercer.

calme

Les deux mains tendues, les pouces séparés, les bouts des doigts se touchent puis s'éloignent en se fermant lentement.

Penser à un soufflé qui dégonfle.

canard

Au niveau de la bouche, imiter le bec du canard qui s'ouvre et qui se ferme deux fois.

changer (la couche)

Les deux poings fermés se touchent en croix puis tournent pour se rejoindre en croix dans l'autre sens.

chanson

La main ouverte part de la bouche et s'éloigne dans les airs. Les doigts frétillent comme les notes qui s'envolent.

chaud

La main ouverte, doigts arrondis, s'éloigne de la bouche puis retourner la main.

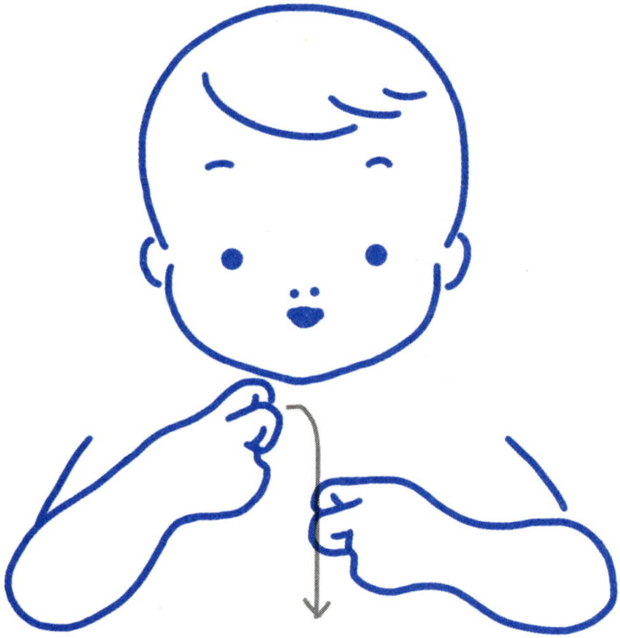

chaussures

L'index et le majeur semi-pliés d'une main viennent toucher ceux de l'autre main deux fois. La rotation du poignet est la même que pour jouer de la guitare.

chat

Les deux mains forment le chiffre « 3 ». Les doigts semi-pliés au niveau des commissures des lèvres s'ouvrent en s'éloignant pour dessiner les moustaches du chat.

chien

Une main de profil au niveau de la poitrine s'agite comme la queue du chien.

colère

Les deux mains ouvertes semi-pliées comme pour griffer montent rapidement de la poitrine aux épaules deux fois. Le visage exprime la colère.

compote / purée

Les paumes des mains se pressent l'une contre l'autre en tournant.

Penser aux fruits et légumes que l'on écrase.

content

Une main ouverte, les doigts serrés, forme des cercles sur la poitrine. Accompagner d'un grand sourire.

coquin / drôle

imiter le sourire avec le pouce et l'index en dessous de la bouche

Une main en forme de « V » (index et majeur tendus) à la verticale. L'index vient frotter le bout du nez de droite à gauche.
Ce signe peut aussi être utilisé pour « blague ».

crèche

Une main, les doigts serrés, est penchée : elle représente la moitié du toit de la crèche. L'autre main a les doigts ouverts, paume vers le sol : les doigts frétillent pour représenter l'activité à l'intérieur de la crèche.

dormir

On penche la tête sur le côté en fermant les yeux. Les deux mains, doigts serrés, avec les paumes l'une contre l'autre, viennent se poser sur la joue comme un oreiller.

doudou

Crocheter l'index sur le pouce (comme si on tenait le tissu du doudou entre le pouce et l'index) et caresser le nez ou la joue de haut en bas deux fois.

eau

L'index tendu vers le ciel se plie et se déplie.

L'eau goutte du robinet.

éléphant

La main arrondie (comme pour la lettre « C ») part du nez et décrit la forme de la trompe de l'éléphant en descendant puis en remontant légèrement.

encore

Une main verticale, doigts serrés. L'autre main, pliée en angle droit, vient tapoter deux fois du bout des doigts la paume de la main verticale.

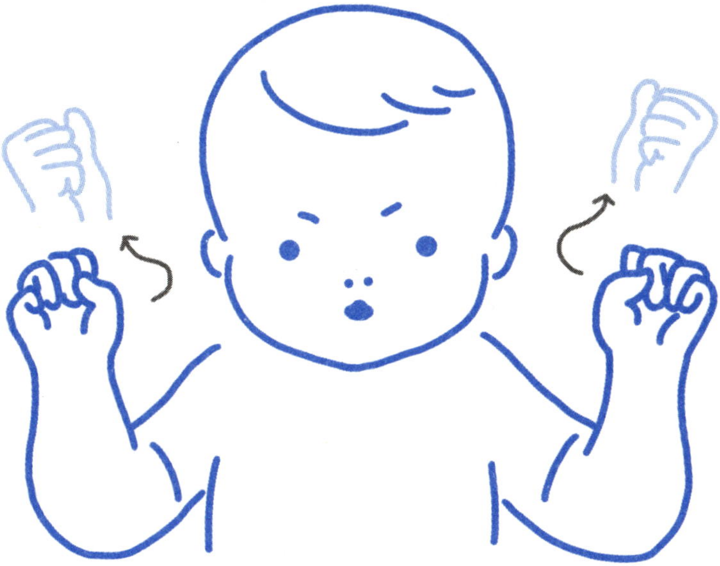

énervé·e

Les deux poings serrés, les bras se lèvent et les poignets tournent. Le visage exprime l'énervement.

escargot

Sur un bras tendu, la paume de la main vers le bas représentant le sol, l'autre main fermée mais avec l'index et l'auriculaire tendus comme des antennes avance doucement en basculant légèrement sur les côtés.

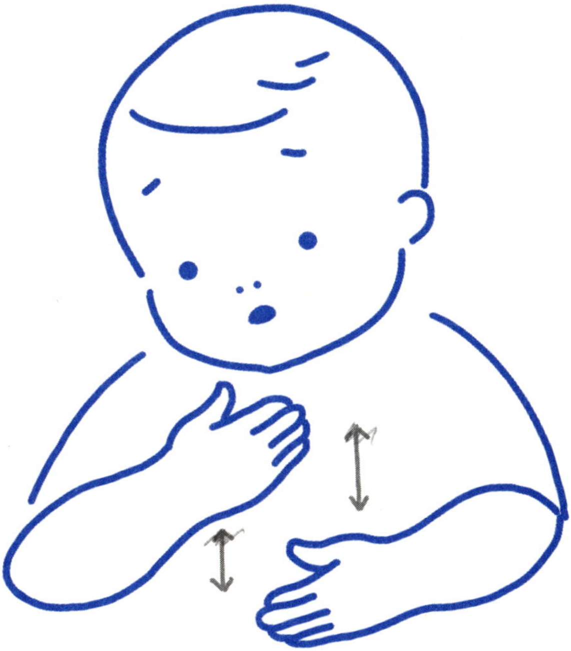

fatigué·e

1 main après l'autre vers le bas

Les mains tendues, descendent en alternance au niveau de la poitrine. Le visage exprime la fatigue.

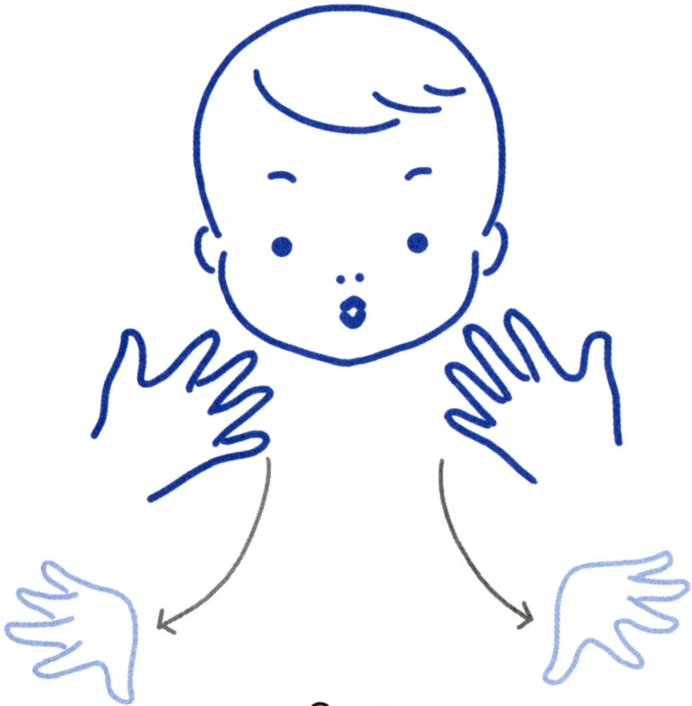

fini

Les deux mains, doigts écartés, paumes vers soi, s'abaissent d'un coup sec vers le sol, comme pour s'égoutter les mains quand on a fini de les laver. Faire le signe une seule fois.

Avoir l'image du rideau de fer qui tombe. C'est définitif.

frère

La main forme le « F » de « frère » : main ouverte, doigts écartés, le pouce touche le milieu de l'index sur la tranche extérieure. Agiter de droite à gauche.

Le mouvement est de droite à gauche car sur un arbre généalogique, les liens de parenté frère/sœur sont sur une même ligne horizontale.

froid

ou "qd te reverrai-je pays merveilleux…, ♫"

La main fermée en bec de canard passe rapidement devant la bouche.

gâteau

Le poing fermé tapote le bas de la joue.

✏ Il paraîtrait logique de voir ce signe devant la bouche puisque c'est un aliment ; mais peu de signes masquent les lèvres du fait que les Sourds ont bien souvent une lecture labiale.

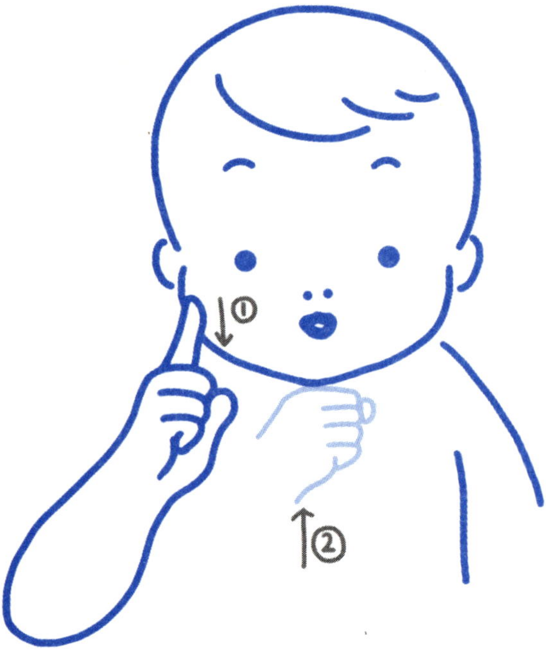

grand-mère

(Faire le signe « mère » une seule fois suivi du signe « âgé·e ».) L'index tendu glisse le long de la joue, puis le poing fermé vient se poser sous le menton.

grand-père

(Faire le signe « père » une seule fois suivi du signe « âgé·e ».) L'index et le pouce forment une pince au niveau de la moustache sur le côté puis le poing fermé vient se poser sous le menton.

interdit

Les deux index tendus. Un index vient taper le bout de l'autre vers le bas. La mine est sérieuse avec les gros yeux.

jaune

La main en forme de « J » (main en téléphone : pouce et auriculaire sortis), paume vers soi, l'auriculaire vient essuyer la commissure des lèvres.

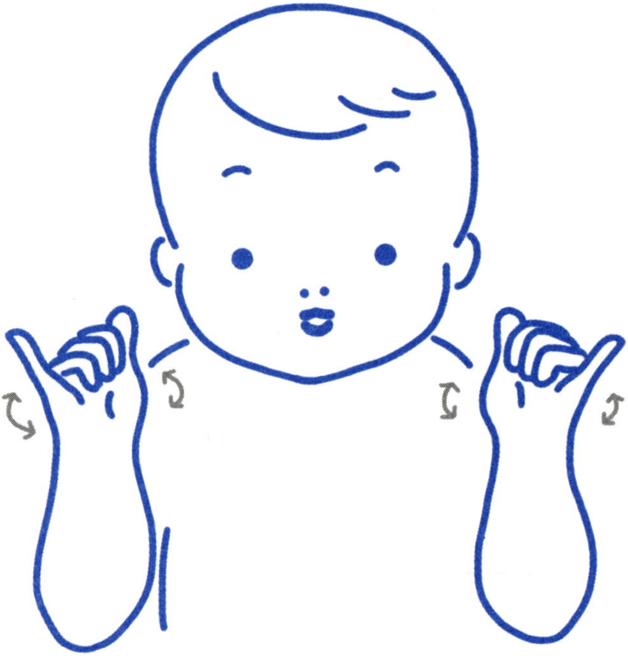

jouer

Les mains en forme de téléphone (pouce et auriculaire sortis) s'agitent en pivotant les poignets.

lait

Une main vient attraper plusieurs fois l'index tendu à l'horizontal de l'autre main pour représenter l'action de traire le lait.

lapin

Les pouces, index et majeurs tendus, les mains sur la tête, paumes vers l'arrière. L'index et le majeur se plient et se déplient deux fois pour représenter les oreilles du lapin. Communication gestuelle : les deux mains sur le dessus de la tête, paumes vers l'avant, vont d'avant en arrière en alternance.

livre

Les deux mains, doigts serrés, viennent se coller paume contre paume puis s'ouvrent comme un livre.

loup

Au niveau du nez, la main est ouverte, paume vers soi. La main s'avance et les doigts se resserrent pour représenter le museau du loup.

maison

Les mains tendues, doigts serrés. Les bouts des doigts viennent se toucher deux fois représentant ainsi la toiture d'une maison.

1

maman

Il existe de très nombreux signes pour « Maman » en LSF. 1 L'index tendu vient tapoter la joue deux fois (associé aux deux syllabes « ma-man »). Ce signe semble le plus adapté au jeune enfant : l'index tendu reprend le geste naturel du bébé lorsqu'il pointe du doigt les objets ; de plus, il se place au niveau du visage, ce qui permet une meilleure visibilité pour l'enfant : il est attentif au geste en même temps qu'aux expressions du visage.

2

3

ou

2 Le pouce caresse la joue.

✎ C'est un signe affectueux.

ou

3 La main, doigts serrés, paume vers le ciel, tapote sous le sein.

manger

La main en forme de bec de canard fait de petits mouvements d'avant en arrière vers la bouche.

merci

La main, doigts serrés, paume vers soi, part du menton et s'éloigne, paume vers le ciel.

musique

Les index tendus vont de droite à gauche (mouvements arrondis) comme ceux du chef d'orchestre.

noir

L'index et le majeur collés, paume de main vers le sol, dessinent un trait sur le front.

nounou

La main en bec de canard tournée vers l'extérieur vient tapoter l'autre bras tendu au niveau du poignet.

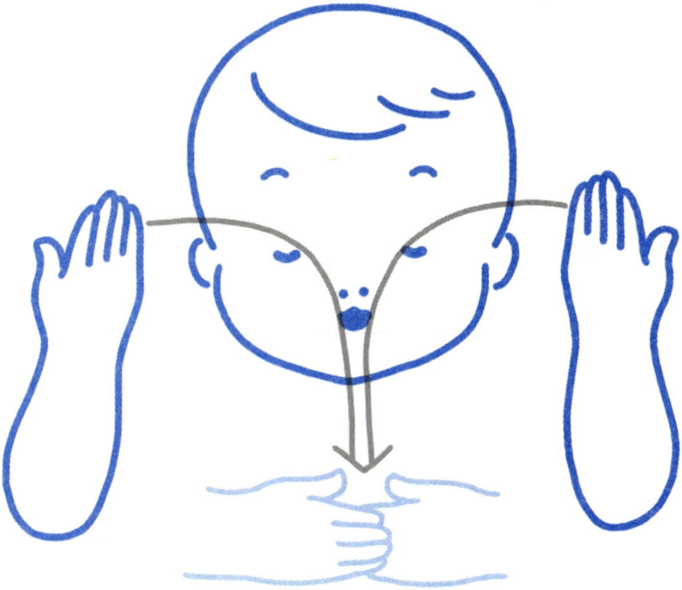

nuit

Mains, doigts serrés, paumes vers soi, les avant-bras passent de la verticale à l'horizontale.

oiseau

L'index et le pouce d'une main viennent se toucher plusieurs fois au niveau de la bouche pour représenter le bec de l'oiseau.

ours

Les deux mains, pouces et index semi-pliés sur le dessus de la tête (pour symboliser les oreilles de l'ours), bougent légèrement de haut en bas en alternance.

pain

tranché le pain de l'extérieur

Une main légèrement arrondie (symbolisant la miche de pain), les doigts serrés, paume vers soi. L'autre main, pliée en angle droit, les doigts serrés, le bout des doigts (comme un couteau), descend verticalement d'un coup sec au niveau du milieu du dos de l'autre main.

papa

L'index et le pouce viennent se toucher deux fois au niveau de la moustache.

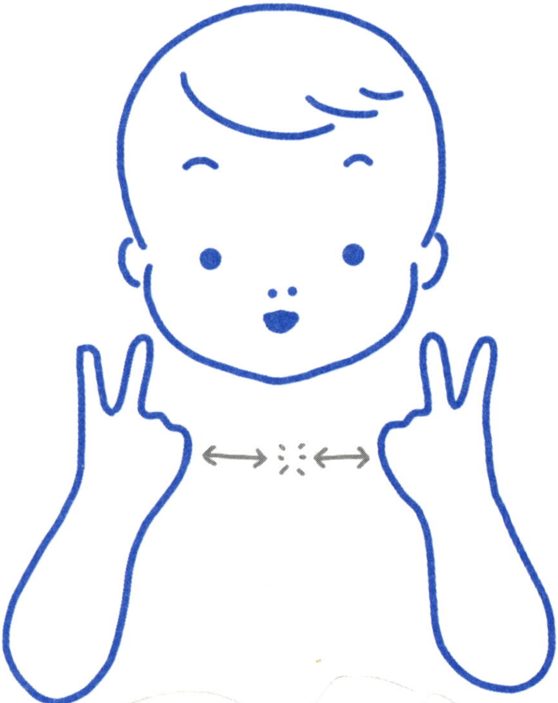

parc / jardin

Mettre les mains en V et venir ratisser comme un rateau

Les deux mains en forme de « V » (index et majeurs tendus) à la verticale, paumes vers soi, les mains se rapprochent et s'éloignent de droite à gauche plusieurs fois.

pardon / s'excuser

+ fort c le point sur le ♡ qui tourne

Les deux mains, doigts serrés, paumes l'une contre l'autre. La main du dessus tourne dans le sens inverse des aiguilles d'une montre comme pour essuyer la faute commise. L'expression du visage est désolée.

peur

Les doigts écartés, la paume vient taper plusieurs fois la poitrine pour représenter la sensation du cœur qui palpite. La mine est effrayée avec les yeux écarquillés.

pipi / toilettes

Une main en forme de téléphone (pouce et auriculaire sortis), paume de main vers le sol, le pouce tapote le plexus solaire.

pleurer

Les index tendus dessinent des larmes qui coulent sur les joues d'un côté puis de l'autre.

pluie

Les deux mains, doigts écartés et semi-pliés, paumes vers le sol, les avant-bras vont de haut en bas pour représenter la pluie qui tombe.

poisson

La main tendue, les doigts serrés, la main imite
le mouvement d'un poisson dans l'eau en zigzaguant.

pot

Les mains arrondies, paumes face à face, figurent la forme du pot.

se promener

Les deux mains, doigts écartés, paumes vers soi puis vers le sol, les pouces effleurent les clavicules. Un petit mouvement des épaules de droite à gauche rappelle la promenade.

pyjama

Main tendue, doigts serrés, tranche de la main sur le front.
Faire un mouvement vers le haut deux fois.

revenir

L'index et le majeur croisés vont de l'extérieur vers soi.
Le poignet pivote.
La position des doigts (index et majeur croisés) représente la lettre « R » en LSF.

rêver

L'index et le majeur croisés, paume vers le sol, le bout des doigts part de la tempe et s'éloigne en diagonale vers le haut en mouvements de spirale.

rose

L'index et le majeur croisés, paume vers le sol, le dos de la main caresse le dessous du menton.

rouge

Paume tournée vers soi, l'index tendu passe de haut en bas sur les lèvres.

✏ Ce signe se fait au niveau des lèvres en référence au rouge à lèvres.

s'habiller

Les deux mains, doigts écartés, paumes vers soi puis vers le sol, les pouces effleurent les clavicules.

s'il te plaît

La main tendue, les doigts serrés, paume tournée vers l'extérieur, la main descend, caressant la joue.

soeur

Le poing fermé, paume vers l'extérieur, fait un mouvement de droite à gauche.

soleil

Les doigts écartés et semi-pliés pour représenter une forme arrondie, le bras est levé sur le côté au-dessus de la tête, la main bouge légèrement par rotation du poignet.

super

Montrer votre pouce de manière enthousiaste comme vous le faites déjà naturellement. Peut se faire avec les deux mains, si c'est vraiment super !

tétine

Crocheter l'index sur le pouce (comme pour « doudou »).
La main tapote la bouche deux fois.

téter

En LSF : une main en forme de bec de canard s'ouvre et se ferme plusieurs fois au niveau du sein.

téter

En ASL (*American Sign Language*) : une main, doigts écartés, paume vers le ciel, le bras est levé. La main s'ouvre puis se ferme complètement à plusieurs reprises.
Ce signe est plus facile à reproduire pour les tout-petits et plus pudique, ce qui convient mieux à certaines mamans.

tortue (de terre)

Un poing caché sous l'autre main, seul le pouce se tend pour représenter la tête de la tortue qui sort de sa carapace.

travail

Les deux mains sont poings fermés. Un poing vient taper le dessus de l'autre main qui reste fixe.

Ce signe évoque le travail manuel.

triste

Une main, doigts écartés et semi-pliés, le bout des doigts descend du front au menton. L'expression du visage est triste avec une moue par exemple.

C'est comme si on ramenait les traits du visage vers le bas.

vacances

Les index et majeurs tendus pour former la lettre « V » de vacances, les paumes vers soi, les bras viennent se croiser sur la poitrine en tapotant deux fois.

vache

Les deux mains en téléphone (pouces et auriculaires sortis), les pouces viennent toucher la tête pour représenter les cornes de la vache.

vert

L'index et le majeur semi-pliés, paume vers l'extérieur, la main avance et recule légèrement.

vexé·e

La main est fermée en poing à l'exception de l'index en forme de crochet qui vient d'un coup sec taper sur la poitrine au niveau du cœur.

Le signe illustre l'expression « être piqué·e au vif ».

yaourt

Une main en forme arrondie représente le pot de yaourt, tandis que l'autre main mime la tenue et les mouvements de la cuillère allant du pot à la bouche.

3

Comptines gestuelles

Tous les bébés sont particulièrement réceptifs aux chansons.
Ajoutons les gestes, et les voilà captivés !

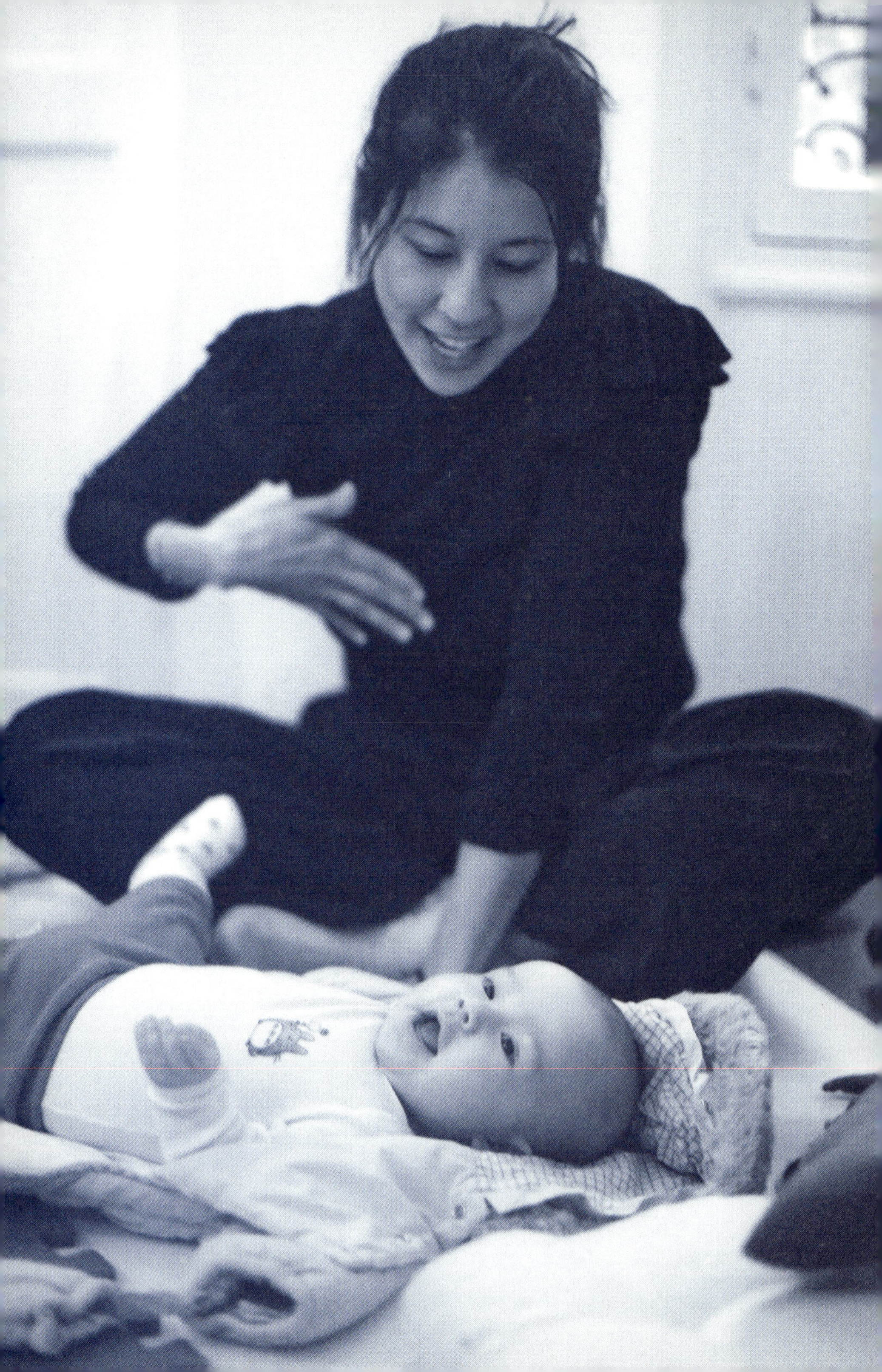

Les comptines ont toujours été synonymes de moments ludiques et privilégiés avec son enfant. Et que ce soit par le rythme, la gestuelle ou l'attente de la « chute », elles emportent, à travers le jeu, le bébé déjà si sensible aux sons et aux vibrations.

Chansons, comptines, berceuses et histoires à doigts participent si pleinement à l'éveil de l'enfant qu'il en devient instinctivement demandeur, tant le chant et les gestes sollicitent son écoute et son attention. Une comptine simple telle que « Ainsi font font font les petites marionnettes… » portera naturellement l'enfant à reproduire les petits gestes qui l'accompagnent.

Avec seulement un petit nombre de comptines à son répertoire, on peut faire voyager son bébé à l'infini ! Il suffit d'en modifier les paroles à son gré. L'invention sur le moment recèle toujours des surprises que l'enfant saura apprécier. Et même si l'on ne connaît pas les signes « véritables » de la Langue des signes française, pourquoi ne pas les inventer ? L'important est de faire toujours le même geste afin que l'enfant ait des repères ; ces petits rituels le rassurent. Il sera toujours friand des jeux de répétitions. Peu importe que l'on chante faux ou que l'on ne maîtrise pas les gestes « officiels », l'important, c'est la complicité que l'on partage avec son enfant.

Alors, à vos mains, prêts… chantez !

Petit escargot

Petit escargot

Porte sur son dos

Sa maisonnette

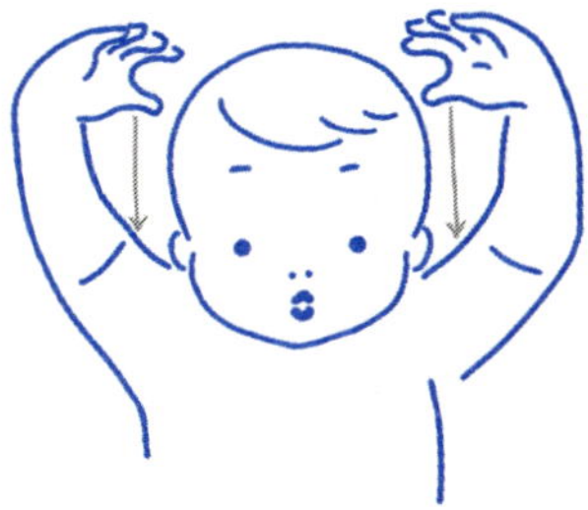

Aussitôt qu'il **pleut**

Il est tout **heureux**

Il **sort sa tête** !

La famille Tortue

Jamais on a vu,
Jamais on ne verra

La famille **Tortue**

Courir après les **rats**

Le **papa Tortue**

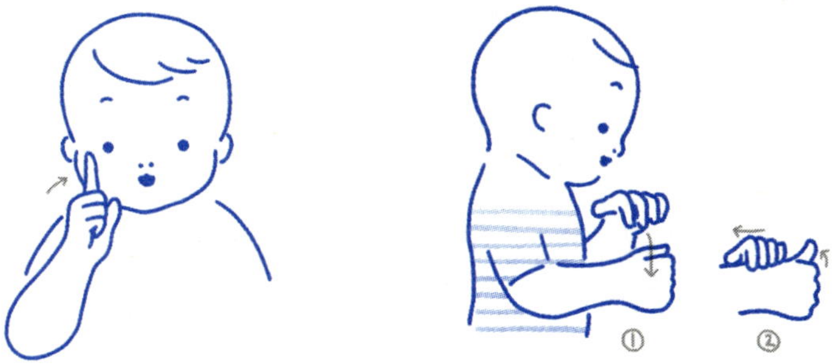

Et la **maman Tortue**

Et les **enfants Tortue**

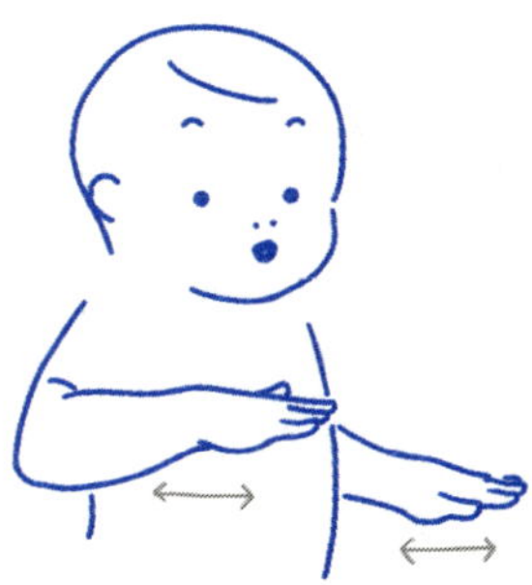

Iront toujours **au pas**

Dans la forêt lointaine

Dans la **forêt** lointaine

On entend le **hibou**

Du haut de son grand **chêne**
Il répond au coucou

Coucou **hibou** ! Coucou **hibou** !
Coucou **hibou** ! Coucou **hibou** ! Coucou !

L'araignée Gypsie

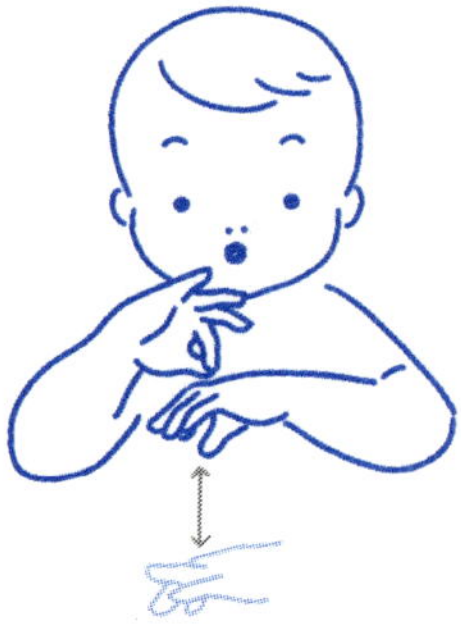

L'araignée Gypsie **monte** à la gouttière

Tiens, voilà la **pluie**

Gypsie **tombe** par terre

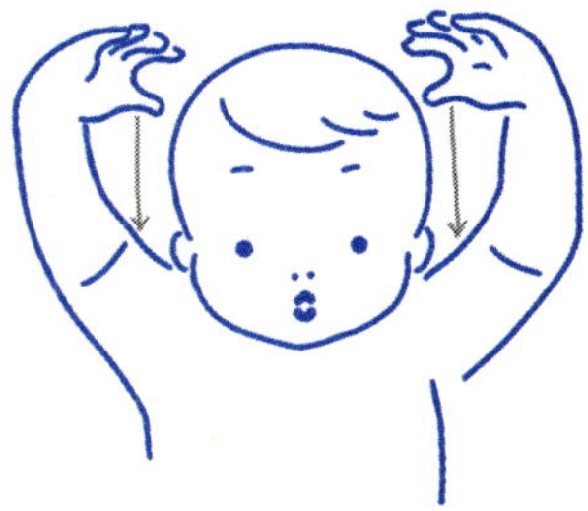

Mais le **soleil** a chassé la **pluie**...

Gypsie s'est **endormie**

J’aime papa, j’aime maman

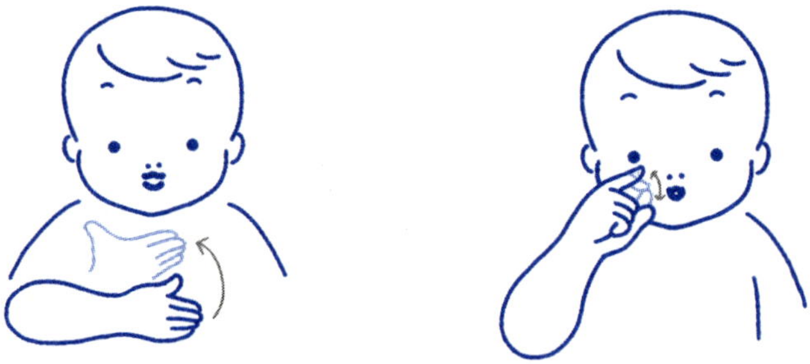

J’aime papa

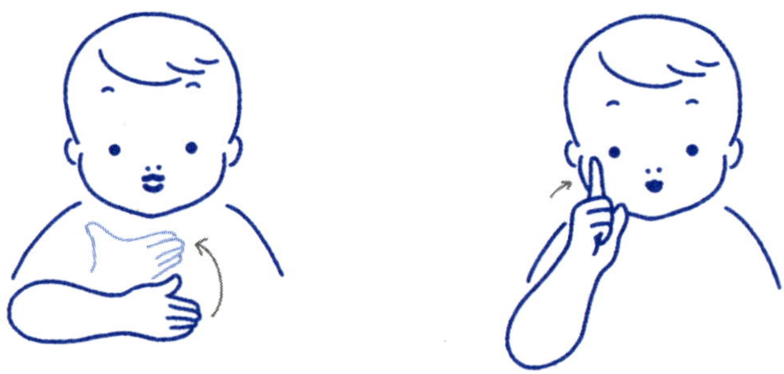

j’aime maman

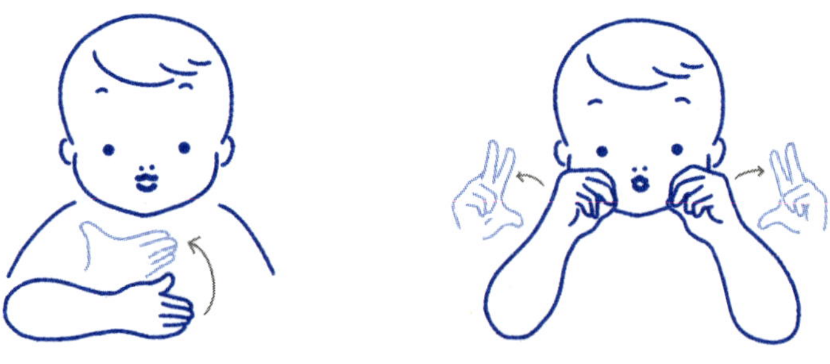

J’aime mon p’tit **chat**,

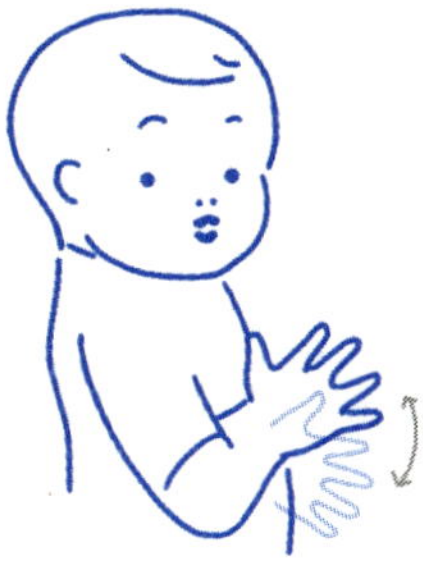

mon p'tit **chien**, mon p'tit **frère**

J'aime papa

j'aime maman

J'aime papa, j'aime maman suite

J'aime ma p'tite **sœur**

et mon gros **éléphant**

Index

Ressources

Association proposant des ateliers Signes avec Bébé et des spectacles (dès 6 mois) intégrant la Langue des signes

Compagnie Maya : www.compagniemaya.com

Comptines signées : livre + CD

Chantons des 2 mains de Sandrine Higel (Éditions Leduc)

Mes premières comptines gestuelles (Éditions Signes2mains)

Livres sur le maternage et la parentalité positive

Quand mon bébé me parle. Comprendre ses messages et y répondre de Stephan Valentin (Éditions Jouvence)

Élever son enfant… autrement. Ressources pour un nouveau maternage de Catherine Dumonteil-Kremer (Éditions La Plage)

Au cœur des émotions de l'enfant d'Isabelle Filliozat (Éditions Poche Marabout)

Parents efficaces de Thomas Gordon (Éditions Poche Marabout)

Vivre la pensée Montessori à la maison d'Emmanuelle Opezzo (Éditions Marabout Family)